СВЯЩЕННОМУЧЕНИК
ИГНАТИЙ БОГОНОСЕЦ

ПОСЛАНИЯ

ORTHODOX LOGOS PUBLISHING

ПОСЛАНИЯ

священномученик Игнатий Богоносец

Икона на обложке книги:
«Апостол Ерм», *Макс Мендор 2025*

© 2025, Orthodox Logos Publishing, The Netherlands

www.orthodoxlogos.com

ISBN: 978-1-80484-218-8

This book is in copyright. No part of this publication may
be reproduced, stored in a retrieval system or transmitted in any form or
by any means without the prior permission in writing of
the publisher, nor be otherwise circulated in any form of binding
or cover other than that in which it is published without a similar
condition, including this condition, being imposed
on the subsequent purchaser.

СВЯЩЕННОМУЧЕНИК
ИГНАТИЙ БОГОНОСЕЦ

ПОСЛАНИЯ

ORTHODOX LOGOS PUBLISHING

СОДЕРЖАНИЄ

Вступление 7
Биография:
Священномученик Игнатий Богоносец 10

Послание к Ефесянам 13
Послание к магнезийцам 24
Послание к Поликарпу 31
Послание к римлянам 36
Послание к смирнянам 43
Послание к траллийцам 50
Послание к филадельфийцам 56

✝

ВСТУПЛЕНИЕ

Священномученик Игнатий Антиохийский — одна из ключевых фигур раннехристианского Просвещения, чьи «Послания» неизменно влекут к себе внимание историков Церкви, богословов и пастырей. Созданные в конце жизни святителя, когда он уже заключён в цепи и движется на казнь в Рим, эти семь писем вместе с посланием к Поликарпу представляют собой драгоценнейшее свидетельство о состоянии христианских общин начала II века и о душевных муках епископа, шагающего «по дороге к смерти» во имя веры.

Вступая в путь, Игнатий пишет к христианам Эфеса, Магнезии, Траллий, Филадельфии, Смирны, Поликарпу Смирнскому и, наконец, к общине Рима. Из каждой из семи Церквей он обращается к верным словами любви, наставления и увещевания об единстве Церкви, подчинении епископу как «связующему звену» Христова Тела и как хранителю чистоты учения. Именно он впервые употребляет в христианской литературе термин «Католическая Церковь» — «всенациональная», то есть «универсальная», подчёркивая неразрывность иерархического и таинственного единства всех верующих.

Писания Игнатия пронизаны ярким эмоциональным накалом: почитать «в единении» с обличённой в кандалы рукой и сердцем, любимого пастыря и мученика, — это значит вступить в живой диалог с непреклонным подвижником. В том состоянии, когда смертная опасность уже не гипотеза, а неизбежная реальность, святитель испытывает горячую боль расставания с возлюбленными овцами и, в то же время, блаженную радость встречи с Христом. Это ощущение одновременно страха и упования рождает в посланиях необыкновенную глубину, где каждое слово – как крик души, как молитва и как проповедь.

«Послание к ефесянам» – грандиозное введение, в котором Игнатий восхваляет епископа, пресвитеров и диаконов, называет Церковь «жёрновом, из которого сходит единая вера», и призывает «никакой тени разногласий» не допускать между братьями. «Послание к магнезийцам» поднимает тему самопожертвования: «Не позволяйте мне пострадать в одиночестве, – взывает он, – но вместе с вами войти во славу Господа». «Послание к поликарпу» – удивительный образец пастырской преемственности: Игнатий, хотя и моложе, призывает старшего по чину епископа жить «в огне Божией любви и в непоколебимом единстве».

Каждое из семи «церковных» писем содержит слова обличения ересей и лжеучений, но ещё больше – предостережение перед «расколом» как «ножом, которым дьявол режет единое Тело Христово». Игнатий не просто борется с докетизмом и уже начинальными формами гностицизма, он учит церковному чину, таинствам и литургии как орудию спасения: «Когда вы собираетесь вместе, там пребывает Сам Господь в вашем среде».

В «Послании к римлянам» святитель знаменитой находчивостью: он не осмеливается просить о помощи или состоятельности, зная, что Римский епископ и паство – «благородная Церковь» – уже «любят страдания». Вместо просьб он молится о том, чтобы христиане Рима не стали причиной замедления его мученического пути: «Не пытайтесь меня остановить, ибо это не благо мне, но да приду рабына Божия в красоте мученичества».

Все семь соборных посланий дополняет «Послание к Поликарпу» – как бы «мост» между Антиохией и Смирной, где Игнатий отсылает своего духовного отца к вящей ревности и добродетельному упорству. В нём звучат слова благодарности за ученичество и наставления по сохранению чистоты Церкви, так что «традиция апостольская» остаётся живой сокровищницей.

«Послания» Игнатия неповторимы по своей стройности: в них есть и богословие, и корпус канонической дисциплины, и глубокая духовная поэзия. Они служат первым и важнейшим свидетельством апостольской преемственности, роли епископа и таинственного единства Тела Христова, которое нельзя разорвать никаким расколом или еретическим гаданием. Святитель ведёт своих собеседников от Любви – «первого закона» – к Красоте Креста и к тайне Воскресения, где все страхи растворяются в невыразимой радости.

Погружаясь в чтение Игнатиевых писем, современный христианин открывает не просто древний текст, но живой голос мученика, который идёт к смерти, чтобы жить во Христе – и зовёт за собой весь мир.

СВЯЩЕННОМУЧЕНИК ИГНАТИЙ БОГОНОСЕЦ

Священномученик Игнатий Богоносец родился, по преданию, в Антиохии в первой трети I века. Точная дата его рождения неизвестна, но считается, что он был учеником апостолов и одним из тех, кто получил христианское учение непосредственно от Иоанна Богослова и Варнавы. Передаваемая церковная традиция утверждает, что младенцем он находился у Христа на коленях (Мф. 18:2–5), однако большинство учёных считает этот сюжет позднейшей апокрифической вставкой, возникшей в результате слияния памяти о благодати и почитания святого.

Сирийский колорит писей Игнатия, их высокая образность и отсутствие глубоких библейских цитат на иудейском языке говорят о том, что он происходил из греко-римского языческого окружения или из христианизированной элиты Антиохии, а не из среды иудействующих христиан. Антиохия в I–II вв. была центром интенсивного миссионерства, где евангелие сочеталось с эллинской философией и аскетической традицией восточных пустынников.

Во время правления императора Траяна (98–117 гг.) в 107 году в Антиохии состоялся крупный акт гонений. Правительские власти, желая продемонстрировать свою власть и очистить город от «секты христианской», арестовали епископа Игнатия. Его заключили в цепи и отправили морским путём в Рим, где должна была состояться публичная казнь – растерзание дикими зверями в Колизее. Во время путешествия Игнатий смог написать семь посланий к местным христианским общинам и одно личное – к своему духовному отцу Поликарпу.

В своих письмах Игнатий называет себя «ценным хлебом Христовым», «ушами, которые слушают Слово», «связующим звеном подвластных ему церквей». Он настойчиво призывает верных сохраниться «незамутнёнными в учении», «единогласными в молитве», «преданными своему епископу», ибо «когда лишишься единства с епископом, то уподобишься отвергнутой женщине». Этим он формулирует догмат о преемственности апостольского сана и о неразрывном единстве всех частей Христова Тела.

20 декабря 107 года (по другим данным – 20 декабря 110 г.) в Риме епископ Игнатий был брошен на растерзание диким зверем. Там же, в мученических муках, он окончательно «богоносцем» исполнил своё имя, приняв венец мученичества ради любви ко Христу. Его останки, по преданию, были собраны христианами и преданы почитанию как святая реликвия, сила которой излечивает недуги и укрепляет веру.

Почитание Игнатия берёт начало уже в II веке: о нём упоминают св. Ириней Лионский, Климент Александрийский, Тертуллиан. Он считается одним из трёх великих «апостольских отцов» (наряду с Климентом Римским и Поликарпом), чьи труды составили мост между Пятикнижием Нового Завета и писаниями апостольских последователей. В православном календаре память святого совершается 20 декабря (2 января) и 29 января (11 февраля) по новому стилю.

Наследие Игнатия нашло отражение в восточных и западных богословских школах. Его призывы к единству, подчинению епископу и сохранившийся в его посланиях яркий литургический строй стали фундаментом для развития учения о Церкви как о Теле Христовом. Архиепископы, патриархи, папы и учёные цитируют Игнатия как одного из самых ранних свидетелей преемственности апостольской традиции и как образец пастырского подвига в лучших христианских стандартах.

Таким образом, святитель Игнатий Антиохийский остаётся не только историческим лицом, но и живым голосом Церкви, призывающим всех христиан «быть едиными, как Отец и Сын едины», терпеть ради спасения и сохранять веру «в единого Господа Иисуса Христа».

ПОСЛАНИЕ К ЕФЕСЯНАМ[1]

Игнатий Богоносец[2] достоблаженной церкви Ефесской в Азии, благословенной в полноте величия Бога Отца, прежде век предназначенной[3] быть, в вечную и неизменную славу, всегда соединенную и избранную в истинном страдании, по воле Отца и Иисуса Христа, Бога нашего, желаю премного радоваться о Иисусе Христе радостью непорочною.

Глава 1. Похвала ефесянам за их посольство и похвала Онисиму

Я принял о Боге ваше многолюбезное имя[4], по всей справедливости славящееся за веру и любовь во Иисусе Христе, Спасителе нашем. Как подражатели Богу, воспламенившись божественною кровью, вы совершенно исполнили в отношении ко мне родственное дело. Когда вы услышали, что я связан в Сирии за общее имя[5] и упование, (вы поспешили видеть меня)[6], надеющегося по вашей молитве принять в Риме битву со зверями, чтобы посредством мученичества мне сделаться учеником Того[7], Кто Самого Себя принес за нас в приношение и жертву Богу[8]. И вот я, во имя Божье, принял многочисленное общество ваше в лице Онисима, мужа несказанной любви, вашего во плоти[9] епископа. Любите его, умоляю вас Иисусом Христом, и все будьте подобны ему; ибо благословен Тот, Который даровал всем быть достойными иметь такого епископа.

Глава 2. Похвала прочим лицам посольства[10]

И о Вурре, моем сотруднике, о вашем о Боге дьяконе, во всем благословенном, молюсь, чтоб он оставался к чести вашей и епископа. А Крок, достойный Бога и вас, которого я принял как образец вашей любви, во всем успокоил меня. Отец Иисуса Христа также да утешит и его, вместе с Онисимом, Вурром, Евплом и Фронтоном, чрез которых я видел любовь всех вас. Желал бы я и всегда радоваться вами, если буду достоин. Посему следует всячески славить Иисуса Христа, который прославил вас, для того, чтоб вы в единодушном повиновении были утверждены в одном духе и в одних мыслях, и все вы говорили одно[11], чтобы, повинуясь епископу и пресвитерству, вы были освящены во всем.

Глава 3. Игнатий не гордостью, но любовью возбуждается увещевать к единению с епископом

Не приказываю вам, как что-либо значащий; ибо хотя я и в узах за имя Христово, но еще не совершен в Иисусе Христе; теперь только начинаю учиться, и обращаюсь к вам, как моим соучителям[12]: ибо мне надлежало бы получить от вас укрепление к вере, к вразумлению себя, к терпению и великодушию. Но как любовь не позволяет мне молчать в отношении к вам, то я и решился убеждать вас, чтоб вы сходились с мыслью Божьею. Ибо и Иисус Христос, общая наша жизнь, есть мысль Отца, как и епископы, поставленные по концам земли, находятся в мысли Иисуса Христа.

Глава 4. Подражайте единению пресвитеров с епископом

Посему и вам надлежит согласоваться с мыслью епископа, что вы и делаете. И ваше знаменитое достойное Бога пресвитерство так согласно с епископом, как струны в цитре. Оттого вашим единомыслием и согласною любовью прославляется Иисус Христос. Составляйте же из себя вы все до одного хор, чтобы, согласно, настроенные в единомыслии, дружно начавши песнь Богу, вы единогласно пели ее Отцу чрез Иисуса Христа, дабы он услышал вас, и по добрым делам вашим признал вас членами Своего Сына. Итак, полезно вам быть в невозмутимом единении между собою, чтобы всегда быть и в союзе с Богом.

Глава 5. Важность единения церковного

В самом деле, если я в короткое время возымел такое дружество с вашим епископом, – не человеческое[13], а духовное, то сколько, думаю, блаженные вы, которые соединены с ним так же, как *Церковь* с Иисусом Христом, и как Иисус Христос с Отцом, дабы все было согласно чрез единение. Никто да не обольщается! Кто не внутри жертвенника, тот лишает себя хлеба Божьего. Если молитва двоих[14] имеет великую силу, то сколько сильнее молитва епископа и целой Церкви? Поэтому кто не ходит в общее собрание, тот уже возгордился и сам осудил себя; ибо написано: *«Бог гордым противится»*[15]. Постараемся же не противиться епископу, чтобы нам быть покорными Богу.

Глава 6. Смотрите на епископа как на Самого Христа

И чем более кто видит епископа молчащим[16], тем более должен бояться его. Ибо всякого, кого посылает домовладыка для управления своим домом, нам должно принимать так же, как самого пославшего[17]. Поэтому ясно, что и на епископа должно смотреть, как на самого Господа. Впрочем сам Онисим чрезвычайно хвалит ваше благочинное о Боге поведение, что все вы живете сообразно с истиною, что среди вас нет никакой ереси, но что вы и не слушаете никого, кроме Иисуса Христа, проповедующего истину.

Глава 7. Бегите от еретиков. Един есть врач Иисус Христос – Богочеловек

Некоторые имеют обычай коварно носить имя Христово, между тем делают дела, недостойные Бога. От них вы должны убегать, как от диких зверей; ибо это бешенные псы, исподтишка кусающие. Вам должно остерегаться от них, ибо они страдают неудобоисцелимым недугом. Для них есть только один врач, телесный и духовный, рожденный и нерожденный[18], Бог во плоти, в смерти истинная жизнь[19], от Марии и от Бога, сперва подверженный, а потом не подверженный страданию, Господь наш Иисус Христос.

Глава 8. Вы велики и духовны

Итак, никто да не обольщает вас, впрочем, вы и не поддаетесь обольщениям, будучи всецело преданы Богу[20]. Ибо, когда между вами не возникло никакой распри, которая могла бы расстроить вас, то подлинно вы живете, как угодно Богу. Я отребье ваше[21], и должен очиститься вашею, ефесяне, знаменитою в веках Церковью. Плотские не могут делать духовного, ни духовные плотского, подобно как и вера – дел, свойственных неверию, и неверие – дел веры. Но у вас духовно и то, что вы делаете по плоти, потому что вы все делаете во Иисусе Христе.

Глава 9. Вы не внимали ложным учителям

Узнал я, что некоторые пришли оттуда к вам[22] с злым учением. Но вы не позволили рассеивать его между вами, заградивши слух свой, чтобы не принять рассеиваемого ими, так как вы истинные камни храма Отчего, уготованные в здание Бога Отца[23]; вы возноситесь на высоту орудием Иисуса Христа, то есть крестом, посредством верви Святого Духа; вера ваша влечет вас на высоту, а любовь служит путем, возводящим к Богу. Потому все вы спутники друг другу. Богоносцы и храмоносцы, святоносцы, во всем украшенные заповедями Иисуса Христа. Оттого-то я и радуюсь тому, что удостоился письменно беседовать с вами и разделить с вами радость мою, что вы, как свойственно другой жизни[24], ничего не любите, кроме одного Бога.

Глава 10. Молитесь за других, будьте кротки и смиренномудры

Но и о других людях[25] непрестанно молитесь. Ибо есть им надежда покаяния, чтобы придти к Богу. Дайте им научиться, по крайней мере, из дел ваших. Против гнева их вы будьте кротки; против их велеречия – смиренномудренны; их злословию противопоставляйте молитвы, – их заблуждению,– твердость в вере; против их грубости будьте тихи. Не будем стараться подражать им, – напротив, своею снисходительностью окажем себя братьями их[26], – а постараемся быть подражателями Господу. Пусть кто-нибудь более потерпит неправду, понесет убыток, подвергнется уничижению[27], только бы не нашлось в вас какого-либо плевела дьявольского, но все вы во всякой чистоте и целомудрии пребывали во Иисусе Христе телесно и духовно.

Глава 11. Последние времена; будем бояться Господа

Уже последние времена. Устыдимся, устрашимся долготерпения Божьего, чтобы оно не послужило нам в осуждение. Или будущего гнева убоимся, или настоящую благодать возлюбим. Что-нибудь одно из двух,– только бы найтись нам во Христе Иисусе для истинной жизни. Без Него ничего да не будет у вас. Ради Его и я несу на себе узы, этот духовный жемчуг, в котором желал бы я и воскреснуть по молитве вашей. О, если бы я и всегда пользовался ею, чтобы мне обрести жребий ефесских христиан, которые силою Иисуса Христа всегда были единомысленны с апостолами.

Глава 12. Похвала ефесянам

Знаю, кто я, и к кому пишу. Я осужденный, а вы помилованные; я в опасности, а вы стоите твердо. Вы путь для умерщвляемых ради Бога. Вы сотаинники Павла освященного, засвидетельствованного, достоблаженного, у ног которого желал бы я быть, когда приду к Господу. Он во всем послании своем к вам поминает вас во Христе Иисусе.

Глава 13. Чаще собирайтесь для богослужения

Итак, старайтесь чаще собираться для евхаристии и славословия Бога. Ибо, если вы часто собираетесь вместе, то низлагаются силы сатаны, и единомыслием вашей веры разрушаются гибельные его дела. Нет ничего лучше мира, ибо им уничтожается всякая брань небесных и земных духов.

Глава 14. Храните веру и любовь и на деле показывайте себя христианами

Это, впрочем, не безызвестно, если вы имеете к Иисусу Христу совершенную веру и любовь, которая суть начала и конца жизни. Вера начало, а любовь конец, обе же в соединении суть дела Божьего; все прочее, относящееся к добродетели, от них происходит. Никто, исповедующий веру, не грешит, и никто, стяжавший любовь, не ненавидит. Дерево познается по плоду своему: так и те которые исповедуют себя христианами, обнаружатся по делам своим. Теперь дело не в исповедании только, а в силе веры, если кто пребудет в ней до конца.

Глава 15. Не словами только, но и молчанием будем исповедовать Господа

Лучше молчать и быть, нежели говорить и не быть. Хорошее дело учить, если тот, кто учит, и творит. Поэтому один только Учитель, Который сказал и исполнилось; и то, что совершил Он в безмолвии, достойно Отца. Кто приобрел слово Иисусово, тот истинно может слышать и Его безмолвие, чтобы быть совершенным, дабы и словом действовать и в молчании открываться. Ничто не сокрыто от Господа, напротив и тайны наши близки к Нему. Посему будем все делать так, как бы Он Сам был в нас, чтоб мы были Его храмами, а Он был в нас Богом нашим, – как Он и действительно есть, и некогда явится пред лицом нашим, потому мы справедливо и любим Его.

Глава 16. Растлевающие веру ложным учением пойдут в огонь вечный

Не обольщайтесь, братья мои! Растлевающие дома[28] Царствия Божьего не наследуют. Но если делающие это в отношении к плоти подвергаются смерти, то не гораздо ли более, – если кто злым учением растлевает веру Божью, за которую Иисус Христос распят? Такой человек, как скверный, пойдет в неугасимый огонь, равно как и тот кто его слушает.

Глава 17. Остерегайтесь ложных учений еретиков

Господь для того принял миро на главу Свою[29], чтобы облагоухать Церковь нетлением. Не намащайтесь же зловонным учением князя века сего; да не уведет вас, как пленников, от надлежащей жизни[30]. Почему мы не все рассудительны, принявши ведение Божье, которое есть Иисус Христос? Зачем мы безрассудно погибаем, не признавая того дара, который истинно Господь послал?

Глава 18. Слава креста. Рождение и крещение Христа

Мой дух – в прах пред крестом, который для неверующих соблазн, а для нас спасение и вечная жизнь[31]. Где мудрец, где совопросник[32], где хвастовство так называемых разумных? Ибо Бог наш Иисус Христос, по устроению Божьему, зачат был Мариею из семени Давидова, но от Духа Святого. Он родился и крестился для того, чтобы Своим страданием очистить и воду.

Глава 19. Три таинства

Но от князя века сего сокрыто было девство Марии и Ее деторождение, равно и смерть Господа[33], три достославные тайны[34], совершившиеся в безмолвии Божьем. Как же они открылись векам? – Звезда воссияла на небе ярче всех звезд, и свет ее был неизреченный, а новость ее произвела изумление. Все прочие звезды, вместе с солнцем и луною, составили как бы хор около этой звезды, а она разливала свет свой на все. И было смущение, откуда это новое, непохожее на те звезды, явление. С этого времени стала падать всякая магия, и все узы зла разрываться, неведения проходить, и древнее царство распадаться: так как Бог явился по-человечески для обновления вечной жизни, и получало начало то, что было приготовлено у Бога. С этого времени все было в колебании, так как дело шло о разрушении смерти.

Глава 20. Я еще буду писать вам

Если Иисус Христос, по вашей молитве, удостоит меня и будет воля Его, то я в другом послании, которое намерен написать вам раскрою только что начатое мною домостроительство Божие относительно нового человека, Иисуса Христа, по вере в Него и по любви к Нему, чрез Его страдание и воскресение,– особенно, если Господь мне откроет, что все вы до единого, без исключения по благодати Божией соединены в одной вере и в Иисусе Христе, происшедшем по плоти от рода Давидова, Сыне Человеческом и Сыне Божьем, так что повинуйтесь епископу и пресвитерству в совершенном единомыслии, преломляя один хлеб, это врачевство бессмертия, не только предохраняющее от смерти, но и дарующее жизнь во Иисусе Христе.

Глава 21. Молитесь за меня и церковь сирскую

Я жертва[35] от вас и от того, которого, во славу Божью, послали вы в Смирну, откуда и пишу вам, благодаря Бога и любя Поликарпа, как и вас. Поминайте меня, как и вас Иисус Христос. Молитесь за Церковь сирскую, из которой меня, последнего из тамошних верующих, ведут в Рим в узах, так как я удостоился послужить к славе Божьей. Здравствуйте в Боге Отце и Иисусе Христе, общем уповании нашем.

Примечания

1 – Ефесские христиане прислали в Смирну, куда прибыл Игнатий, своего епископа Онисима с дьяконом Вурром и другими членами своей церкви для приветствия святого узника. Поэтому Игнатий в послании к ним благодарит за оказанную ему любовь (гл. 1, 2, 21); затем увещевает их блюсти единение духа, повиноваться епископу и пресвитерам (3–6) и удаляться от ложных учений (7–10); далее излагает пространнее свои увещевания о том же. Приветственное вступление и первая глава этого послания сохранились, с небольшими выпусками, в сирском тексте.

2 – Такое название Игнатий, без сомнения, не сам присвоил себе, но получил от местных христиан, в устах которых оно сделалось обычным прозванием их епископа, как бы другим собственным именем его. Некоторые учёные (Бунзен, Ульхорн) находят употребление этого прозвания в посланиях самого Игнатия несообразным с его смирением и скромностью, и полагают, что оно внесено в них посторонней рукой. Впрочем, намёки на это прозвание находятся в посланиях его к Магнез. гл. 1 и к Смирн.

3 – Еф. 1:4, 3:11.

4 – Ваше… имя, т. е. вас самих (ефесян), я принял в лице вашего епископа.

5 – Т. е. за имя Христово.

6 – Означенные скобками слова, коих нет в греческом тексте кодекса Медичи, вставлены Гефеле на основании древних переводов латинского, сирского и армянского.

7 – В сирском стоит: τοῦ Θεοῦ (учеником Божиим), а последующие слова опущены.

8 – См. Еф. 5:2.

9 – Т. е. епископа видимого, представляющего власть невидимого епископа – Христа.

10 – Всей второй главы до половины 3-й гл. нет в сирском переводе. По мнению Гефеле, сирский сократитель Игнатиевых посланий опускал в них всё, что казалось ему ненужным, мало идущим к цели назидания, например о лицах, в них упоминаемых; и преимущественно имел в виду нравственные наставления Игнатия.

11 – Слова, взятые из 1 Кор. 1:10.

12 – Т. е. кроме Христа, вы мои учители (Гефеле).

13 – Т. е. не плотское, земное, обыкновенное между людьми века сего.

14 – Мф. 18:19.

15 – Притч. 3:34; Иак. 4:6; 1 Пет. 5:5.

16 – Т. е. видеть его не вступающимся за оскорбление или пренебрежение его достоинства.

17 – Мф. 24:25 (так указано в печатном издании – примечание редакции «Азбуки веры»).

18 – Рождённый и не рождённый (γεητός καί ἀγέννητος); так в кодексе Медичи и по древнему латинскому переводу. Но издатели: Якобсон, Гефеле и Дрессель читают: γενητός χαι ἀγέννητος, factus et non factus, потому что так приводятся слова Игнатия во многих кодексах сочинения св. Афанасия (о соборах).

19 – Таков смысл по чтению, удержанному Гефеле на основании цитат у Афанасия и Феодорита; Дрессель предлагает чтение: ἀθάνατος ἐν ζωῇ ἀληθινή, «бессмертный (Бог) в истинной жизни».

20 – Глав IV, V, VI и VII нет в сирском тексте; начальные слова VIII главы также опущены, а следующие за ним непосредственно связаны в нём с местом, заимствованным из 3-й главы.

21 — Я ваше отребье (περίψημα). См. ниже гл. XVIII и 1 Кор. 4:13. Сирский и армянский перевод дают другой смысл: я радуюсь и молюсь за вас.

22 — По-гречески стоит: ἐκεῖθεν. Игнатий не указывает определённо города, откуда пришли лжеучители в Ефес. Гильгенфельд принимает глагол παροδέομαι в несобственном смысле, как уклонение от истинного пути (ὁδός); в таком случае это место значит: некоторые тамошние (в Ефесе) уклонились от истины.

23 — Ср. Еф. 2:21; 1 Кор. 3:9.

24 — Т. е. христианской, духовной, а не плотской, естественной.

25 — Т. е. о неверующих и заблудшихся.

26 — Ульхорн (Das Verhältnis der kurzen griech. Recens. der Ign. Br. zur Syr. Übers., p. 40) предлагает другое чтение, по которому выходит такой смысл: «не окажемся, стараясь подражать им, братьями их, но в кротости будем подражателями Господа».

27 — Здесь следуем чтению Дресселя. По чтению других, эти слова относятся ко Христу: «кто более него пострадал» и пр.

28 — Т. е. нарушители чести (блудники и прелюбодеи) или расточители и хищники имущества домашнего. См. 1 Кор. 6:9–10; Еф. 5:5.

29 — См. Мф. 26:7; Мк. 14:3.

30 — Т. е. от Христа, Который Жизнь и Истина.

31 — В «Пастыре», как и в посланиях апостола Павла, слово «апостолы» относится ко всем проповедникам учения Иисуса, а не только к его ученикам.

ПОСЛАНИЕ К МАГНЕЗИЙЦАМ[1]

Глава 1. Повод к посланию.

Узнавши благоустроенность вашей благочестивой любви, я с величайшею радостью вознамерился в вере Иисус-Христовой[2] беседовать с вами. Ибо удостоившись боголепнейшего[3] имени, я в самых узах, которая ношу, прославляю Церкви, и молюсь, чтобы в них было единение по плоти и духу во Иисусе Христе, вечной нашей жизни, единение веры и любви, драгоценнее которой нет ничего, особенно же с Иисусом и Отцом: чрез это мы выдержим всякое насилие князя века сего, и, избежавши его, приблизимся к Богу.

Глава 2. Радость о посланных из Магнезии.

Я удостоился видеть вас в лице богодостойного епископа вашего Дамаса, и достойных пресвитеров Васса и Аполлония, и сотрудника моего, дьякона Сотиона, которого я желал бы иметь при себе, потому что он повинуется епископу, как благодати Божией, и пресвитерству, как закону Иисуса Христа.

Глава 3. Почитайте вашего юного епископа.

И вам надобно не пренебрегать возрастом епископа, а, по силе Бога Отца[4], оказывать ему всякое уважение, как я заметил во святых пресвитерах ваших, что они не смотрят на видимую молодость его[5], а как богомудрые, повинуются ему, впрочем, не ему, но Отцу Иисуса Христа, епископу всех. Итак в честь Того, Который возжелал его[6], нам надобно повиноваться без всякого лицемерия; потому что такой обманывает не этого, видимого епископа, но невидимого. Такое дело относится не к плоти, а к Богу, знающего тайное.

Глава 4. Нехорошо некоторые действуют без епископа.

Итак, надобно не только называться, но и быть христианами, тогда как некоторые на словах признают епископа, а делают все без него. Такие, мне кажется, недобросовестны, потому что не вполне по заповеди делают собрания.

Глава 5. Такие люди не имеют признака христиан – любви, и не умерщвляют своих страстей.

И так как все имеют конец, то одно из двух принадлежит нам, смерть или жизнь, и каждый пойдет в свое место. Ибо есть как бы две монеты, одна Божья, другая мирская, и каждая из них имеет на себе собственный образ, неверующие – образ мира сего, а верующие в любви – образ Бога Отца чрез Иисуса Христа. Если мы чрез Него не готовы добровольно умереть по образу страдания Его, то жизни Его нет в нас.

Глава 6. Храните согласие.

Итак, поскольку в вышеупомянутых лицах я узрел все ваше общество в вере и любви, то убеждая вас, старайтесь делать все в единомыслии Божьем, так как епископ председательствует на место Бога, пресвитеры занимают место собора апостолов, и дьяконам, сладчайшим мне, вверено служение Иисуса Христа, Который был прежде век у Отца, и наконец, явился видимо. Поэтому все, вступивши в сожительство с Богом, уважайте друг друга, и никто не взирай по плоти на своего ближнего, но всегда любите друг друга во Иисусе Христе. Да не будет между вами ничего, что могло бы разделить вас; но будьте в единении с епископом и перед сидящими, во образ и учение нетления[7].

Глава 7. Ничего не делайте без епископа и пресвитеров, будьте единый храм Божий.

Посему, как Господь без Отца, по Своему единению с Ним, ничего не делал ни Сам Собой, ни чрез апостолов, так и вы ничего не делайте без епископа и пресвитеров. Не думайте, чтобы вышло что-либо похвальное у вас, если будете это делать сами по себе[8]; но в общем собрании да будет у вас одна молитва, одно прощение, один ум, одна надежда в любви и в радости непорочной. Един Иисус Христос, и лучше Его нет ничего. Поэтому все вы составляете из себя как бы один храм Божий, как бы один жертвенник, как одного Иисуса Христа, Который изшел от Единого Отца и в Едином пребывает, и к Нему Единому отшел.

Глава 8. Удаляйтесь от ложных учений иудействующих.

Не обольщайтесь чуждыми учениями, ни старыми бесполезными баснями[9]. Ибо если мы доселе еще живем по закону иудейскому, то чрез это открыто признаемся, что мы не получили благодати. И божественнейшие пророки жили о Христе Иисусе, посему и терпели гонения. Вдохновляемые благодатью Его, они удостоверяли неверующих, что Един есть Бог, явивший себя чрез Иисуса Христа, Сына Своего, Который есть слово Его вечное, происшедшее не из молчания[10], и Который во всем благоугодил Пославшему Его.

Глава 9. Будем жить со Христом.

Итак, если жившие в древнем порядке дел приближались к новому упованию и уже не субботствовали, но жили жизнью Воскресения, в котором и наша жизнь воссияла чрез

Него и чрез смерть Его,– некоторые и отвергают ее, но чрез ее тайну получили мы начало веры, и ради ее терпим, дабы быть учениками Иисуса Христа, единого Учителя нашего, то как можем мы жить без Него когда и пророки, будучи учениками Его по духу, ожидали Его, как учителя своего? Посему-то Он, Которого праведно они ожидали, когда пришел на землю, воскресил их из мертвых[11].

Глава 10. Не иудействуйте.

Не будем же нечувствительны к Его благости. Ибо если Он будет подражать нам по делам нашим, то мы погибли. Посему, сделавшись Его учениками, научимся жить по-христиански. Ибо кто называется другим, а не этим именем, тот не Божий. Итак, извергните худую закваску, устаревшую и испортившуюся, и изменитесь в новый квас, который есть Иисус Христос. Осолитесь в Нем, дабы кто-нибудь из вас не попортился, и тогда зловоние не обличило бы вас. Нелепо призывать Иисуса Христа, а жить по-иудейски; ибо не в иудейство уверовало христианство, напротив, иудейство в христианство, в котором соединились все языки, уверовавшие в Бога.

Глава 11. Ради предостережения пишу это вам.

Это пишу вам, возлюбленные мои, не потому, чтобы признавать некоторых из вас таковыми, но, как самый меньший из вас, хочу предостеречь, чтобы не впали в сети суетного учения, а вполне были уверены о рождении и страдании и воскресении, бывшем во время игемонства Понтия Пилата, что они истинно и несомненно совершены Иисусом Христом – надеждою вашею, от которой отпасть не дай Бог никому из вас.

Глава 12. Вы лучше меня.

Желал бы я вполне насладиться вами, если бы только был достоин. Ибо хотя я и в узах, но не стою ни одного из вас, свободных. Знаю, что вы не кичитесь; ибо Иисуса Христа имеете в себе. Еще более, знаю что когда хвалю вас, вы краснеете, как написано: праведный – обвинитель самого себя[12].

Глава 13. Утверждайтесь в вере и единении.

Итак, старайтесь утвердиться в учении Господа и апостолов, чтобы во всем, что делаете, благоуспевать плотью и духом, верою и любовью, в Сыне и в Отце и в Духе, в начале и в конце, с достойнейшим епископом вашим из прекрасно – сплетенном венцом пресвитерства вашего и в Боге дьяконами. Повинуйтесь епископу и друг другу, как Иисус Христос повиновался по плоти[13] Отцу, и апостолы Христу, Отцу и Духу, дабы единение было вместе телесное и духовное[14].

Глава 14. Молитесь за меня и Церковь сирскую.

Зная, что вы исполнены Богом, я кратко беседовал с вами. Поминайте меня в молитвах ваших, чтобы мне достигнуть Бога, и *Церковь* сирскую – по имени которой я не достоин называться; ибо имею нужду в совокупной вашей в Боге молитве и любви, – чтобы Церковь сирская удостоилась ороситься от вашей Церкви.

Глава 15. Приветствуют вас христиане ефесской и прочих Церквей.

Приветствуют вас ефесяне[15] из Смирны, откуда и пишу вам: они находятся здесь во славу Божию, подобно вам, и успокоили меня во всем с Поликарпом епископом смирнским. И прочие Церкви в честь Иисуса Христа приветствуют вас. Укрепляйтесь в единомыслии с Богом имея неразделенный дух, который есть Иисус Христос.

Примечания

1 – Христиане, жители города Магнезии близ Меандра в Ионии, прислали в Смирну к св. Игнатию своего епископа Дамаса с пресвитерами Вассом и Аполлонием и диаконом Сотионом. Увещание к церковному порядку и единству (гл. 3–7) здесь находит особенный повод в молодости епископа, которого, однако, должно уважать, как видимого представителя Невидимого епископа. К этому присоединяется (гл. 8–10) предостережение от ложных учителей, особенно христиан иудействующих. Затем следуют (гл. 12–15) краткие увещания и личные просьбы с приветствием от других церквей.

2 – Т. е. с сердцем, исполненным христианскою верою.

3 – Т. е. богоносца.

4 – Т. е. по силе, данной вам Богом, или: по вниманию к божественной силе, поставившей епископа.

5 – νεωτερικὴν τάξιν – Гефеле и Гильгенфельд, на основании контекста, относят к видимой молодости епископа Магнезии, а не к недавности епископского сана вообще, как думают Роте и Ульхорн.

6 – Иные: «Который любит нас».

7 – Гефеле объясняет: единение с епископом есть образ той жизни, какою живут святые, соединенные с Богом, и в то же время другие, смотря на единение христиан магнезийских с епископом, приходят к убеждению в той жизни.

8 – Т. е. без епископа и пресвитеров, в отдельных собраниях.

9 – См. 1 Тим. 1:4; 4:7; Тит. 1:14.

10 – Некоторые в слове «молчание» (σιγὴ) видели указание на учение гностика Валентина и потому отвергали подлинность этого послания Игнатия. Но Котельер и Персон объясняли слова Игнатия: «Сын Божий есть вечное Слово Божие, которое рождается не из молчания подобно слову человеческому, не следует по времени после молчания, но вечно.» – В недавно открытом сочинении св. Ипполита «Philosophumena» сохранился отрывок из

«Великого откровения» Симона Волхва: из него видно, что Симон в своей системе давал первое место «молчанию» (σιγή), которое имеет сходство с «глубиною» (βάθος) Валентина. На это учение Симона здесь намекает св. Игнатий, по мнению Денцингера, Бунзена и Гефеле.

11 – Мф. 27:52.

12 – Притч. 18:17.

13 – Т. е. по человечеству.

14 – См. Еф. 4:4 «Едино тело и един дух» – внешнее и внутреннее единение.

15 – Ефесские христиане, которые прибыли в Смирну ради Игнатия.

ПОСЛАНИЕ К ПОЛИКАРПУ[1]

Глава 1. Похвала и увещевание.

Уважая твое благочестивое расположение, утвержденное как бы на неподвижном камне, я преисполнен благодарности к Богу, что удостоился видеть непорочное лицо твое[2], которым желал бы всегда наслаждаться о Боге. Умоляю тебя благодатью, которою облечен ты: ускоряй свое течение и умоляй всех, чтобы спаслись. Блюди место свое[3] со всяким тщанием – плотским и духовным. Старайся о единении, лучше которого нет ничего. Снисходи ко всем, как и к тебе Господь. Ко всем имей терпение в любви, как ты и поступаешь. Пребывай в непрестанных молитвах. Проси бóльшего разумения, нежели какое имеешь. Бодрствуй, стяжав неусыпный дух. Говори с каждым как поможет Бог[4]. Носи немощи всех, как совершенный подвижник. Где больше труда – там больше и приобретения.

Глава 2. Продолжение увещеваний.

Если любишь только добрых учеников, еще нет тебе за это благодати: лучше худых покоряй кротостью. Не всякая рана врачуется одним и тем же пластырем: острые боли утешай прохладительными примочками. Во всем будь мудр, как змея, и незлобив, как голубь[5]. Для того ты вместе и телесен и духовен, чтобы ласково принимал и то, что является тебе наружно, но молись, чтобы тебе открыто было и сокровенное[6], дабы не иметь ни в чем недостатка, напротив, с избытком обладать всяким дарованием. Как кормчим нужны ветры, или обуреваемому – пристань, так настоящему времени нужен ты – для того, чтобы достигнуть Бога. Будь же бдителен, как подвижник Божий. Наградой будет нетление и жизнь вечная, в которой и сам ты уверен. Во всем порукой тебе я и мои узы, которые ты возлюбил.

Глава 3. Продолжение.

Люди, которые кажутся достойными доверия, а между тем учат иному, не должны смущать тебя. Стой твердо, как наковальня, по которой бьют. Великому борцу свойственно принимать удары и побеждать. Особенно же для Бога мы должны все терпеть, чтобы и Сам Он терпел нас. Будь еще усерднее, нежели каков теперь. Вникай в обстоятельство времени. Ожидай Того, Кто выше времени – безвременного, невидимого, но для нас сделавшегося видимым; неосязаемого, бесстрастного, но для нас подвергшегося страданию, все ради нас претерпевшего.

Глава 4. Продолжение.

Вдовицы не должны быть пренебрегаемы. После Господа, ты будь попечителем их. Ничего не должно быть без твоей воли; но и ты ничего не делай без воли Божьей – чего, впрочем ты и не делаешь. Стой твердо! Собрания пусть бывают чаще. Сзывай всех до одного. Рабов и рабынь не презирай, но и они пусть не надмеваются; напротив, пусть во славу Божию еще более поработят себя, чтобы получить им от Бога лучшую свободу. Пусть не домогаются получить свободу на общий счет, чтобы не сделаться им рабами страсти.

Глава 5. К чему епископ должен увещевать супругов безбрачных и вступающих в брак.

Избегай ухищрений[7], а более беседуй о следующих предметах. Сестрам моим внушай, чтобы они любили Господа и были довольны своими сожителями по плоти и по духу. Равным образом и братьям моим заповедуй именем Иисуса Христа, чтоб они любили сожительниц своих, как Господь – *Церковь*[8]. Кто может в честь Господа плоти[9] пребывать в чистоте, пусть пребывает без тщеславия. Если же станет тщеславиться, то погиб; а если будет почитать себя больше епископа, то пропал совершенно. А те, которые женятся и выходят замуж, должны вступать в союз с согласия епископа, чтобы брак был о Господе, а не по похоти. Пусть все будет во славу Божью.

Глава 6. Обязанности христианской паствы.

Внимайте епископу, дабы и Бог внимал вам. Я – жертва за тех, которые повинуются епископу, пресвитерам и дьяконам. И пусть часть моя в Боге будет одинаковая с ними. Вместе подвизайтесь, вместе совершайте путь свой, вместе терпите, вместе успокаивайтесь, вместе вставайте, как Божии домостроители и домочадцы и слуги. Благоугождайте Тому, для Кого воинствуете вы, от кого получаете и содержание. Пусть никто из вас не будет перебежчиком. Крещение пусть остается с вами[10], как щит; вера – как шлем; любовь – как копье; терпение – как полное вооружение. Взносом вашим пусть будут дела ваши, чтобы после получить вам следующую вам прибыль. Итак, будьте долготерпеливы друг ко другу с кротостью, как и Бог (долготерпелив) к вам. Всегда желал бы я быть с вами.

Глава 7. Отправьте посла к антиохийским христианам по случаю восстановления мира.

Так как мне стало известным, что Церковь антиохийская в Сирии, по молитвам вашим, наслаждается миром, то и я, в Божьей безпечальности, стал благодушнее, только бы придти мне к Богу чрез страдание, дабы в воскресении явиться мне вашим учеником. Тебе, богоблаженнейший Поликарп, надобно созвать боголепнейший совет и избрать кого-нибудь особенно вам любезного и усердного человека, который мог бы назваться Божьим послом: ему поручить, чтобы, отправившись в Сирию, он прославил там неослабную любовь вашу к славе Божьей. Христианин не имеет над собою власти; он принадлежит Богу[11]. А это дело – Божье и ваше, когда вы исполните его. Ибо я уверен в благодати Божьей, что мы готовы на всякое доброе дело Божье. Посему-то, зная ваше согласие с истиною, я и предложил вам наставление в кратком послании.

Глава 8. Пусть и другие Церкви отправят в Антиохию послов или письма. Приветствия.

Так как я, по причине внезапного, по воле начальства, отплытия из Троады в Неаполь, не мог написать ко всем Церквям, то к ближайшим Церквям напишешь ты, как знающий волю Божию, чтобы и они сделали то же самое. Кто может, послали бы нарочных, а другие отправили бы письма чрез посланных тобою, чтобы прославиться вам бессмертным делом, как ты и достоин того. Приветствую всех поименно, и жену Епитропа со всем ее домом и детьми. Приветствую возлюбленного моего Аттала. Приветствую того, кто удостоится быть отправленным в Сирию. Да будет всегда благодать с ним и с посылающим его Поликарпом! Желаю вам всегда укрепляться в Боге нашем Иисусе Христе. Пребывайте чрез Него в единении с Богом и епископом[12]. Приветствую Алкия, вожделенное мне имя. Укрепляйтесь в Господе.

Примечания

1 – Пред отбытием из Троады в Неаполь (в Македонии), св. Игнатий написал послание к епископу смирнскому Поликарпу: оно от начала до конца есть пастырское наставление, особенно посвященное обязанностям епископа и паствы. – Сирский перевод его сохранился в двух кодексах: он содержит в себе только шесть глав по греческому тексту и только две мысли из остальных.

2 – Т. е. в бытность Игнатия в Смирне на пути в Рим.

3 – Т. е. епископский сан.

4 – По чтению Дресселя: καταβοήθειαν.

5 – Мф. 10:16.

6 – Т. е. в людях, их тайные наклонности и пороки.

7 – Гефеле относит это к ложным учениям, ересям. Ульхорн разумеет здесь хитрости словесного искусства, коих Игнатий советует Поликарпу избегать, внушая говорить просто о предметах, ниже перечисленных.

8 – Еф. 5:25.

9 – Т. е. Того, Коему принадлежат наши тела, как члены. Иные предлагают чтение: в честь плоти Господней.

10 – Игнатий так выражается, намекая на дезертиров, которые бросали оружие.

11 – Игнатий здесь намекает на обычай римских воинов отдавать свою добычу на хранение при знаменах (depositum) – после чего они получали при дележе её известную часть (accepta). Вохер.

12 – Вместо ἐπισκοπῇ Дрессель и Гефеле, на основании некоторых кодексов пространного текста и армянского перевода, предпочитают чтение: ἐπισκόπου.

ПОСЛАНИЕ К РИМЛЯНАМ[1]

Игнатий Богоносец церкви, помилованной величием Всевышнего Отца и единого Сына Его Иисуса Христа, возлюбленной и просвещенной по воле Того, Которому благоугодно все, совершившееся по любви Иисуса Христа, Бога нашего, – церкви, председательствующей в столице[2] области римской, богодостойной, достославной, достоблаженной, достохвальной, достовожделенной, чистой и первенствующей в любви[3], Христоименной[4], Отцеименной, которую и приветствую во имя Иисуса Христа Сына Отчаго; к тем, которые по плоти и духу соединены между собою во всякой заповеди Его, нераздельно получили полноту благодати Божией, чистым от всякого чуждого цвета[5], желает премного радоваться во Иисусе Христе, Боге нашем.

Глава 1. Надеюсь видеться с вами.

По молитве к Богу я получил то, о чем много просил, чтоб увидеть ваши богодостойные лица. Связанный за Христа, я надеюсь целовать вас, если воля Божия удостоит меня достигнуть конца. Начало положено хорошо: сподоблюсь ли благодати – беспрепятственно получить мой жребий? Ибо я боюсь вашей любви, чтоб она не повредила мне; потому что вам легко то, что хотите сделать, а мне трудно достигнуть Бога, если вы пожалеете меня.

Глава 2. Не устраняйте от меня мученичества.

Желаю, чтобы вы угождали не людям, но Богу, как вы и благоугождаете Ему. Ибо ни я уже не буду иметь такого удобного случая достигнуть Бога, ни вы – ознаменовать себя лучшим делом, если будете молчать. Если вы будете молчать обо мне, я буду Божиим[6], если же окажете любовь плоти моей, то я должен буду снова вступить на поприще[7]. Не делайте для меня ничего более, как чтобы я был заклан Богу теперь, когда жертвенник уже готов, и тогда составьте любовию хор и воспойте хвалебную песнь Отцу во Христе Иисусе, что Бог удостоил епископа Сирии призвать с востока на запад. Прекрасно мне закатиться от мира к Богу, чтоб в Нем мне воссиять.

Глава 3. Молитесь Богу о даровании мне сил для мученического подвига.

Вы никогда никому не завидовали и других учили тому же. Желаю, чтобы вы подтвердили делом, что преподаете в своих наставлениях[8]. Только просите для меня у Бога внутренней и внешней силы, чтобы я не говорил только, но и желал, чтобы не назывался только христианином, но и был в самом деле. Если я действительно окажусь им, то могу и называться им, и только тогда могу быть истинно верным, когда мир не будет более видеть меня. Ничто видимое не вечно[9]. (*«Ибо видимое временно, ...невидимое вечно»* (2Кор.4:18).) Бог наш Иисус Христос является в большой славе, когда Он во Отце. Христианство – не в молчаливом убеждении, но в величии дела[10], особенно когда ненавидит его мир.

Глава 4. Пусть измелют меня зубы зверей.

Я пишу церквам и всем сказываю, что добровольно умираю за Бога, если только вы не воспрепятствуете мне. Умоляю вас: не оказывайте мне неблаговременной любви. Оставьте меня быть пищею зверей и посредством их достигнуть Бога. Я пшеница Божия: пусть измелют меня зубы зверей, чтоб я сделался чистым хлебом Христовым. Лучше приласкайте этих зверей, чтоб они сделались гробом моим и ничего не оставили от моего тела, дабы по смерти не быть мне кому-либо в тягость. Тогда я буду по истине учеником Христа, когда даже тела моего мир не будет видеть. Молитесь о мне Христу, чтоб я посредством этих орудий сделался жертвою Богу. Не как Петр и Павел заповедую вам. Они апостолы, а я осужденный; они свободные, а я доселе еще раб. Но если пострадаю, – буду отпущенником Иисуса и воскресну в Нем свободным. Теперь же в узах своих я учу не желать ничего мирского или суетного.

Глава 5. Желаю умереть.

На пути из Сирии до Рима, на суше и на море, ночью и днем я уже борюсь со зверями, будучи связан с десятью леопардами, то есть с отрядом воинов, которые от благодеяний, им оказываемых, делаются только злее[11]. Оскорблениями их я больше научаюсь, но этим не оправдываюсь[12]. О, если бы не лишиться мне приготовленных для меня зверей! Молюсь, чтобы они с жадностью бросились на меня. Я заманю их, чтоб они тотчас же пожрали меня, а не так, как они некоторых побоялись и не тронули. Если же добровольно не захотят, – я их принужу. Простите мне; я знаю что мне полезно. Теперь только начинаю быть учеником. Ни видимое, ни невидимое, ничто не удержит меня придти к Иисусу Христу. Огонь и крест, толпы зверей, рассечения, расторжения, раздробления костей, отсечение членов, сокрушение всего тела, лютые муки диавола придут на меня, – только бы достигнуть мне Христа.

Глава 6. Чрез смерть я достигну истинной жизни.

Никакой пользы не принесут мне удовольствия[13] мира, ни царства века сего. Лучше мне умереть за Иисуса

Христа, нежели царствовать над всею землею (*«ибо какая польза человеку, если он приобретает целый мир, а душе своей повредит»* (Мк.8:36–37))[14]. Его ищу, за нас умершего. Его желаю, за нас воскресшего. Я имею в виду выгоду[15]: простите мне, братья! Не препятствуйте мне жить, не желайте мне умереть. Хочу быть Божиим: не отдавайте меня миру. Пустите меня к чистому свету: явившись туда, буду человеком Божиим. Дайте мне быть подражателем страданий Бога моего. Кто сам имеет Его в себе, тот пусть поймет, чего желаю, и окажет сочувствие мне, видя, что занимает меня.

Глава 7. Желаю умереть, ибо любовь моя распялась.

Князь века сего хочет обольстить меня и разрушить мое желание, устремленное к Богу. Пусть же никто из вас, там находящихся, не помогает ему. Лучше будьте моими, то есть Божьими. Не будьте такими, которые призывают Иисуса Христа, а любят мир. Зависть да не обитает в вас. И если бы даже лично стал я просить вас о другом, не слушайте меня: верьте больше тому, о чем пишу вам теперь. Живой пишу вам, горя желанием умереть. Моя любовь распялась, и нет во мне огня, любящего вещество, но вода живая[16], говорящая во мне, взывает мне извнутри: «иди к Отцу». Нет для меня сладости в пище тленной, ни в удовольствиях этой жизни. Хлеба Божия желаю, хлеба небесного, хлеба жизни, который есть плоть Иисуса Христа, Сына Божия, родившегося в последнее время от семени Давида и Авраама. И пития Божия желаю, – крови Его, которая есть любовь нетленная и жизнь вечная.

Глава 8. Окажите мне помощь свою.

Не хочу более жить жизнию человеков. А это исполнится, если вы захотите. Захотите же, прошу вас, чтобы и вы снискали себе благоволение. Кратким письмом прошу вас. Поверьте мне; а Иисус Христос – неложные уста, которыми истинно глаголал Отец – откроет вам, что я говорю истину. Молитесь обо мне, чтобы я достиг. Не по плоти я написал вам это, но по разуму Божию. Если пострадаю, значит, вы возлюбили; если же не удостоюсь – вы возненавидели меня.

Глава 9. Молитесь за Церковь сирскую.

Поминайте в молитве вашей Церковь сирскую: у ней, вместо меня, пастырь теперь Бог. Один Иисус Христос будет епископствовать в ней и любовь ваша. А я стыжусь называться одним из ее членов, ибо недостоин того, как последний из них и как изверг. Но если достигну Бога, то по милости Его буду чем-нибудь. Приветствует вас дух мой и любовь Церквей, принимавших меня во имя Иисуса Христа не как прохожего[17]. Ибо даже и те Церкви, которые не находились на пути моего плотского странствования, выходили на встречу мне в город.

Глава 10. Заключение.

Пишу вам это из Смирны чрез достоблаженных ефесян. При мне же вместе со многими другими Крок – вожделенное для меня имя. Тех же, которые во славу Божию отправились прежде меня из Сирии в Рим, думаю, вы уже знаете: скажите им, что я близко. Все они достойны Бога и вас: вам надобно во всем успокоить их. Я написал вам это за девять дней до сентябрьских календ (т.е. 24 августа)[18]. Укрепляйтесь до конца в терпении Иисуса Христа. Аминь.

Примечания

1 – О поводе к написанию послания к римлянам см. введение: это послание существует и в сирском переводе, изданном Кюртоном, который представляет немалые опущения, так же, как и перевод послания к ефесянам.

2 – Εν τόπω Χωρίου Ρωμαίων, т. е. в самом городе Риме с прилежащими дачами (Персон. Дресс.), Гильгенфельд, понимая слово Τοπος в смысле достоинства (in dignitate), полагает, что Игнатий говорит здесь о церковном преимуществе Рима, соответственном политическому его значению, т. е. римская церковь председательствует по достоинству, значению римской области.

3 – Т. е. в делах благотворительности к верующим братьям, которыми отличались римские христиане.

4 – Вместо: христоименной (χριστωνυμος) древний латинский перевод также сирский и армянский читали: χριστόνομος, т. е. имеющий закон Христов.

5 – Т. е. лжеучения.

6 – В сирском тексте читается ἔσομαι λόγος Θεοῦ, буду словом Божиим, или как Бунзен толкует: я распространю славу Божию.

7 – Т. е. на поприще этой жизни, конца коего Игнатий почти достиг (Гефеле); или: на поприще мученического подвига, к которому он так пламенно стремился, и цель которого была уже так близка (Дресс.).

8 – Игнатий говорит здесь о славе умереть за Христа.

9 – Так по греч. тексту кольбертинского кодекса. Но в древнем латинском переводе, в сирском и армянском, читается: ἀγαθὸν. Нет ничего прекрасного в видимом мире, или: «что мне мир?» – как бы так говорит Игнатий. Следующие слова, взятые из 2 Кор. 4:18, поставлены в скобках, потому что их нет в древних переводах латинском, сирском и армянском.

10 – Следующие слова, которых нет в кольбертинском кодексе, Гефеле и другие ученые считают необходимым прибавить на основании переводов латинского, сирского и армянского, а также и греческой пространной рецензии.

11 – Намек на подарки, которые делали стражам Игнатия христиане для смягчения их строгости.

12 – 1 Кор. 4:4.

13 – В кольберт. кодексе τερπνὰ, а в древнем латинском и армянском – πέρατα, «концы мира», «целый мир».

14 — Мф. 14:26. Их нет в древнем латинском и армянском переводе: они могли быть с полей внесены в текст.

15 — Τοκετός значит «рождение», и можно думать, что здесь Игнатий говорит о рождении для жизни небесной чрез мученичество: «мне предлежит рождение» (Гефеле). Но лат. переводчик выражается lucrum mihi adjacet; ибо τοκετός иногда принимает в значении «выгоды» (lucrum) (Дресс.).

16 — Вода живая, т. е. Дух Святой, возбуждающий и укрепляющий к мученической смерти. См. Ин. 4:10; 7:38.

17 — Т. е. с такою любовью, как бы Игнатий был их собственный епископ.

18 — Слов, означенных в скобках, нет в древнем лат. переводе, ни в греческом пространном тексте.

ПОСЛАНИЕ К СМИРНЯНАМ[1]

Игнатий Богоносец облагодатствованной всяким дарованием, исполненной веры и любви, не лишенный ни единого дара, боголепнейшей и святоносной – смирнской, в Азии, Церкви Бога Отца и возлюбленного Иисуса Христа, желает в непорочном духе и слове Божьем премного радоваться.

Глава 1. Прославляю Бога за веру вашу.

Славлю Иисуса Христа Бога, так умудрившего вас. Ибо я узнал, что вы непоколебимо тверды в вере, как будто пригвождены ко кресту Господа Иисуса Христа и плотью и духом, утверждены в любви кровью Христовою; и преисполнены веры в Господа нашего, который истинно из рода Давидова по плоти, но Сын Божий по воле и силе Божественной, истинно родился от Девы, крестился от Иоанна, чтобы исполнить *«всякую правду»*[2] истинно распят был за нас плотью при Понтии Пилате и Ироде четверовластнике (от сего-то плода, то есть, богоблаженнейшего страдания Его и произошли мы), чтобы через воскресение на веки воздвигнуть знамение для святых и верных своих, как между иудеями, так и язычниками, совокупленных в едином теле Церкви Своей.

Глава 2. Христос истинно пострадал во плоти.

Все это Он перетерпел ради нас, чтобы мы спаслись; и пострадал истинно, как истинно и воскресил себя, а не так, как говорят некоторые неверующие, будто Он пострадал призрачно. Сами они призрак, и как умствуют они, так и случится с ними – бестелесными, подобными злым духам.

Глава 3. Христос и по воскресении был во плоти.

Ибо я знаю и верую, что Он и по воскресении Своем был и есть во плоти. И когда он пришел к бывшим с Петром, то сказал им: возьмите, осяжите Меня и посмотрите, что Я не дух бестелесный[3]. Они тотчас прикоснулись к Нему, и уверовали, убедившись Его плотью и духом. Посему-то они и смерть презирали и явились выше смерти. Сверх того, по воскресении, Он ел и пил с ними, как имеющий плоть, хотя духовно был соединен с Отцом.

Глава 4. Берегитесь еретиков. Если бы Христос не пострадал истинно, то и я не страдал бы.

Убеждаю вас в этом, возлюбленные, зная, что вы сами так же думаете. Но я предохраняю вас от зверей в человеческом образе, которых вам не только не должно принимать к себе, но если возможно, и не встречаться с ними, а только молиться за них, – не раскаются они как-нибудь. Это, конечно, не легко для них, но Иисус Христос, истинная жизнь наша, силен в этом. Если же Господь наш совершил это призрачно, то и я ношу узы только призрачно. И для чего же я сам себя предал на смерть, в огнь, на меч, на растерзание зверям? Нет, кто подле меча – подле Бога, кто посреди зверей – посреди Бога; только бы что было во имя Иисуса Христа. Чтобы участвовать в Его страданиях, я терплю все это, а Он укрепляет меня, потому что соделался человеком совершенным.

Глава 5. Опасность заблуждения докетов.

Этого иные не признают в нем и отвергаются Его, или лучше они отвержены им, потому что любят больше смерть, чем истину. Их не убедили ни пророчества, ни закон Моисеев, и даже доселе не убеждают ни евангелие, ни страдания каждого из нас: потому что они и об нас должны думать точно также. Ибо что мне пользы, если кто и хвалит меня[4], а Господа моего хулит, не исповедуя Его носящим плоть? Кто не исповедует этого, тот совершенно отвергся Его, и сам носит в себе смерть. Впрочем, имен их, как неверных, мне не рассудилось написать. Да и не дай Бог вспоминать их, пока не раскаются они и не признают страдания Христа, которое есть наше воскресение.

Глава 6. Неверующий в кровь Христову будет судим, хотя бы то был ангел. У еретиков нет и добродетелей христианских.

Никто не обольщайся! И существа небесные, и слава ангелов[5], и власти видимые и невидимые, – и те подлежат суду, если не будут веровать в кровь Христову. «Вмещающий да вместит»[6]. Никто не надмевайся высоким местом! Ибо все совершенство – в вере и любви коих нет ничего выше. Посмотрите же на тех, которые иначе учат о пришедшей к нам благодати Иисуса Христа,– как они противны воле Божьей! У них нет попечения о любви, ни о вдовице, ни о сироте, ни о притесняемом, ни об узнике, или освобожденном от уз, ни об алчущем или жаждущем.

Глава 7. Еретики удаляются от евхаристии.

Они удаляются от евхаристии и молитвы, потому что не признают, что евхаристия есть плоть Спасителя нашего Иисуса Христа, которая пострадала за наши грехи, но которую Отец воскресил, по Своей Благости. Таким образом, отметая дар Божий, они умирают в своих прениях. Им надлежало бы держаться в любви[7], чтобы воскреснуть. Посему надобно удаляться таких людей, и ни наедине, ни в собрании не говорить о них, а внимать пророкам, особенно же Евангелию, в котором открыто нам страдание Христа и совершенно ясно Его воскресение. Особенно же, бегайте разделений, как начала зол.

Глава 8. Ничего не делайте без епископа.

Все последуйте епископу, как Иисус Христос – Отцу, а пресвитерству, как апостолам. Дьяконов же почитайте как заповедь Божью. Без епископа никто не делай ничего, относящегося до Церкви. Только та евхаристия должна почитаться истинною, которая совершается епископом, или тем, кому он сам предоставит это. Где будет епископ, там должен быть и народ, так же, как где Иисус Христос, там и кафолическая *Церковь*. Не позволительно без епископа ни крестить, ни совершать вечерю любви; напротив, что одобрит он, то и Богу приятно, чтобы всякое дело было твердо и несомненно.

Глава 9. Почитайте епископа. Вы утешили меня во всем.

Впрочем, похвально образумиться, и пока есть время, обратиться к Богу с покаянием. Прекрасное дело – знать Бога и епископа. Почитающий епископа, почтен Богом; делающий что-нибудь без ведома епископа, служит дьяволу. – Во всем да будет у вас обильная благодать, потому что вы достойны того. Вы во всем утешили меня, и вас да утешит Иисус Христос. И заочно и лично вы оказывали мне любовь. Да воздаст вам Бог, Коего вы приобщаете, если будете терпеть все ради Его!

Глава 10. Вы благосклонно приняли моих спутников: вам будет за это награда.

Хорошо поступили вы, что Филона и Рея Агафопода, которые последовали за мною ради Бога, приняли как дьяконов Христовых. И они благодарят Господа за вас, что вы всячески успокоили их. Ничто не пропадет для вас. За души ваши – дух мой и мои узы, которых вы не погнушались, и не постыдились. Не постыдится и вас совершенная вера[8].

Глава 11. Отправьте посла к антиохийским христианам по случаю восстановления мира.

Молитва ваша сбылась над Церковью антиохийскою в Сирии: ведомый оттуда в боголепнейших узах, я приветствую всех, хотя я и недостоин быть ее членом, как последний из них; а если волей Божьей удостоен этого то не по моему сознанию[9], а по благодати Божьей, которой желаю сподобиться по всей полноте, чтобы, при молитве вашей, придти мне к Богу. – Но чтобы дело ваше было совершенно и на земле и на небе, Церкви вашей надлежит, в славу Божью, избрать мужа боголепнейшего и отправить, чтобы, прибывшего в Сирию, поздравить их с той радостью, что у них водворился мир, возвратилось их величие, и восстановилось их малое тело[10]. Мне показалось приличным послать туда кого-нибудь из ваших с письмом, чтобы он принял участие в прославлении Бога за наставшую для них по Его воле тишину и за то, что, по молитве вашей, они достигли мирной пристани. Как совершенные, совершенное и помышляйте. Ибо только бы вы желали делать доброе, а Бог готов даровать это.

Глава 12. Приветствия.

Приветствует вас любовь братьев в Троаде, откуда и пишу вам чрез Вурра, которого вы, вместе с ефесскими братьями вашими, послали со мною, и который во всем успокоил меня. О, если бы все подражали ему, так как это – истинно образец служения Богу. Благодать воздаст ему за все. Приветствую богодостойного епископа вашего и благолепнейшее пресвитерство и сотрудников моих дьяконов, и всех, каждого порознь и вместе, именем Иисуса Христа, Его плотью и кровью, страданием и воскресением, как телесным так и духовным, единением между Богом и вами. Благодать вам, милость, мир и терпение да будет всегда.

Глава 13. Приветствия.

Приветствую дома братьев моих с их женами и детьми, и девственниц, именуемых вдовицами[11]. Укрепляйтесь силою Духа. Приветствует вас находящийся при мне Филон. Приветствую дом Тавии, которой желаю утверждаться в вере и любви, по плоти и по духу. Приветствую Алкия – вожделенное для меня имя, также несравненного Дафна, Евтекна и всех поименно. Укрепляйтесь благодатью Божьей.

Примечания

1 – Из Троады св. Игнатий отправил диакона Вурра в Смирну с посланием. Похваливши твердость смирнским христианам в вере в воплощение и страдание Христа, он обличает тех (докетов), которые отвергали истину рождения, страдания и воскресения Спасителя, и потому не имели правой веры и любви христианской (гл. 2–7), убеждает повиноваться предстоятелям церкви (гл. 8–9), и наконец благодарит, просит о церкви сирской, и поименно приветствует (гл. 10–13).

2 – Мф. 3:15.

3 – По мнению Нольте, эти слова указывают на Евангелие Лк. 24:39. Персон думает, что они взяты из устного предания. А другие находят их или в евангелии назореев (Иероним), или в апокрифическом «учении Петра», на которое ссылается Ориген (De Principiis) (Гефеле).

4 – Т. е. называет меня мучеником или богоносцем.

5 – Т. е. высшие силы ангельские.

6 – Мф. 19:12.

7 – Иные относят слово ἀγαπᾶν к соблюдению Евхаристии.

8 – Т. е. начальник и совершитель веры (Евр. 12:2).

9 – Т. е. о собственном достоинстве или заслугах.

10 – Т. е. общество христиан, рассеянное гонением.

11 – Диакониссы, хотя были девственницы, назывались вдовами, потому что в первые времена церкви обыкновенно избирались в эту должность вдовы.

ПОСЛАНИЕ К ТРАЛЛИЙЦАМ[1]

Игнатий Богоносец возлюбленный Богом Отцом Иисуса Христа, святой траллийской, в Азии, Церкви, избранной и богодостойной, наслаждающейся миром в плоти и крови и страдании Иисуса Христа – надежды нашей, когда воскреснем по образу Его, – посылает свое приветствие в полноте[2], по образу апостольскому, и желает премного радоваться.

Глава 1. Мне стали известны достоинства ваши чрез епископа Поливия.

Узнал я, что вы со всем постоянством держите непорочный и согласный образ мыслей, не во внешнем только поведении, но как природное ваше свойство. Это открыл мне епископ ваш Поливий, который, по воле Бога Иисуса Христа, был в Смирне и так утешил меня – узника ради Иисуса Христа, что в лице его я видел все ваше общество. Поэтому, принявши от него ваше ради Бога благорасположение ко мне, я нашел, казалось, – судя потому, как узнал о вас, – что вы подражатели Богу[3].

Глава 2. Повинуйтесь епископу, пресвитерам и дьяконам.

Ибо, когда вы повинуетесь епископу, как Иисусу Христу, тогда, мне кажется, вы живете, и не по человеческому обычаю, а по образу Иисуса Христа, Который умер за вас, чтобы вы, уверовав в смерть Его, избежали смерти.

Посему необходимо, как вы и поступаете, ничего не делать без епископа. Повинуйтесь также и пресвитерству, как апостолам Иисуса Христа – надежды нашей, в Котором дай Бог жить нам. И диаконам, служителям таинств Иисуса Христа, все должны всячески угождать, ибо они не служители яств и питий, но слуги Церкви Божией, поэтому-то и им должно беречься от нареканий, как от огня.

Глава 3. Почитайте дьяконов, епископа и пресвитеров.

Все почитайте дьяконов, как заповедь Иисуса Христа, а епископа, как Иисуса Христа, Сына Бога Отца, пресвитеров же, как собрание Божие, как сонм апостолов. Без них нет Церкви. Я уверен, что так думаете и вы сами. Ибо образец вашей любви я получил и имею при себе в вашем епископе, которого самая наружность весьма поучительна, а кротость исполнена силы. Думаю, что сами неверующие уважают его, ибо и им нравится то, как я не щажу себя. – Но ужели получив возможность писать к вам, я пришел к той мысли, чтобы мне осужденному, повелевать вам, подобно апостолу?

Глава 4. Я имею нужду в смирении.

Много разумею я о Боге, но смиряю себя, чтоб не погибнуть от тщеславия. В настоящее время еще более мне должно остерегаться, и не внимать надмевающим меня, ибо, хваля меня, они наносят раны[4]. Я желаю страдать, но не знаю, достоин ли. Ревности[5] во мне многие не видят, а она сильно берет меня. Посему нужна мне кротость, которою низлагается князь века сего.

Глава 5. Я не преподам вам возвышенных учений!

Ужели я не могу написать вам о небесном? Но опасаюсь, чтобы вам, еще младенцам[6], не нанести вреда, и, простите меня, – чтобы вы не будучи в состоянии вместить не отяготились, ибо и я, хотя нахожусь в узах, и могу понимать небесное, и степени ангелов, и чины начальств, но при всем том я еще несовершенный ученик. Многого еще не достает нам, чтобы быть совершенными в Боге.

Глава 6. Удаляйтесь от яда еретиков.

Итак, прошу вас, не я, но любовь Иисуса Христа, – питайтесь одной христианской пищею, а от чуждого растения, какова ересь, отвращайтесь. К яду своего учения еретики примешивают Иисуса Христа, чем и приобретают к себе доверие: но они подают смертоносную отраву в подслащенном вине. Не знающий охотно принимает ее, и вместе с пагубным удовольствием принимает смерть.

Глава 7. Берегитесь от еретиков.

Поэтому берегитесь таких людей. А это удастся вам, если не будете надмеваться и отделяться от Бога Иисуса Христа и епископа и апостольских заповедей. Кто внутри алтаря[7], тот чист, а кто вне его, тот не чист, то есть, кто делает что-нибудь без епископа, пресвитерства и дьякона, тот нечист совестью.

Глава 8. Против козней дьявола укрепляйтесь кротостью, верой и любовью.

Не то, чтобы знал я что-нибудь подобное среди вас, но предостерегаю вас, мои возлюбленные, предвидя козни дьявольские. Посему, стяжавши кротость, утвердите себя взаимно в вере, которая есть плоть Господа, и в любви, которая есть кровь Иисуса Христа. Никто из вас да не имеет ничего против своего. Не подавайте поводов язычникам, чтобы из-за немногих неразумных не было хулимо все благочестивое общество. Ибо «горе тому, чрез кого всуе в ком-нибудь имя Мое хулится»[8].

Глава 9. Не слушайте отвергающих Христа, истинно родившегося, умершего и воскресшего.

Потому не слушайте, когда кто будет говорить вам не об Иисусе Христе, Который произошел из рода Давидова от Марии, истинно родился, ел и пил, истинно был осужден при Понтии Пилате, истинно был распят и умер, в виду небесных, земных и преисподних, – Который истинно воскрес из мертвых, так как Его воскресил Отец Его, Который подобным образом воскресит и нас, верующих во Иисуса Христа, ибо без Него мы не имеем истинной жизни.

Глава 10. Если Христос страдал не истинно, то я напрасно ношу узы.

А если иные, как некоторые безбожники, то есть неверующие, говорят, что Он страдал только призрачно, – сами они призрак, – то зачем же я в узах? Зачем я пламенно желаю бороться с зверями? Зачем я напрасно умираю? Значит, я говорю ложь о Господе?

Глава 11. Бегайте смертоносных произрастений еретиков.

Итак, убегайте злых произрастений, приносящих смертоносный плод: кто вкусит от него, тот немедленно умирает. Ибо еретики не насаждение Отца. Если бы они были это, то являлись ветвями креста, и плод их был бы нетленен. Им[9] в страдании Своем Иисус Христос призывает к Себе нас, как членов Своих. Голова не может родиться отдельно без членов; и Бог обещает нам единение, которое есть Сам Он.

Глава 12. Пребывайте в единении и любви.

Приветствую вас из Смирны, вместе с находящимися при мне Церквями Божьими, которые утешили меня во всем, телесно и духовно. Узы мои, которые ношу ради Иисуса Христа, желая придти к Богу, умоляют вас: пребывайте в согласии вашем и взаимной молитве. Каждому из вас, особенно же пресвитерам, следует покоить епископа в честь Отца, Иисуса Христа и апостолов. Послушайтесь меня с любовью, умоляю вас, чтобы я, написавший это, не был свидетелем против вас. И обо мне молитесь; ибо имею нужду, при милосердии Божьем, и в вашей любви, чтобы мне удостоиться получить предлежащий мне жребий к которому стремлюсь, и не оказаться отверженным.

Глава 13. Молитесь за Церковь сирскую.

Приветствует вас любовь смирнян и ефесян. Поминайте в своих молитвах и *Церковь* сирскую, которой я недостоин носить имя, будучи самым последним в ней. Укрепляйтесь во Христе Иисусе, и будьте покорны епископу, как заповеди Божьей, равно и пресвитерству. И все любите друг друга нераздельным сердцем. Очищайте дух мой, не только теперь, но и тогда, когда я приду к Богу. Я еще в опасности; но верен Отец в Иисусе Христе, чтобы исполнить мое и ваше прощение. О, если бы вы оказались беспорочными в Нем!

Примечания

1 – Подобно христианам других городов, траллийцы прислали в Смирну своего епископа Поливия для приветствия св. Игнатия. В ответ на это епископ хвалит их за веру и повиновение к епископу, пресвитерам и диаконам, и по своему обычаю увещевает к взаимной любви и единению (гл. 2–3); чувствует нужду в смирении (гл. 4), и хотя бы мог им преподать небесное, но почитает себя только учеником (гл. 5); предостерегает от ложных учений, особенно докетов (гл. 6–11); и, наконец, выражает приветствие от себя и прочих христиан, прося молитв христиан траллийских за него и церковь сирскую (гл. 12–13). Послание к траллийцам не находится в изданном

Кюртоном тексте сирском. Но главы 4–5 присоединены сирским переводчиком к последним словам Игнатиева послания к римлянам. Нельзя не заметить, что означенные главы более идут к предшествующей главе послания к траллийцам, нежели к концу послания к римлянам, которое без них имеет свою полноту и конечность.

2 – Т. е. приветствует всех членов церкви траллийской, или, как думает Бунзен: «в полноте апостольской власти».

3 – Древний латинский и армянский перевод предполагают чтение ἐδόξασα εὑρὼν вместо ἔδοξα εὑρεῖν; и потому содержит такой смысл: «я благодарил (Бога), что нашел вас... подражателями Бога».

4 – По мнению Смита и Ульхорна – те, которые говорили Игнатию: «ты будешь мученик».

5 – Ревность о мученичестве, может быть, не свободная от страстного увлечения и помыслов тщеславия.

6 – Т. е. о Христе.

7 – Т. е. о церкви, означаемой здесь именем алтаря, к которому приступали верующие для Св. Причащения.

8 – Ис. 52:5.

9 – Т. е. крестом.

ПОСЛАНИЕ К ФИЛАДЕЛЬФИЙЦАМ[1]

Игнатий Богоносец Церкви Бога Отца Господа Иисуса Христа, находящейся в Филадельфии Азийской, помилованной и утвержденной в единомыслии Божьем, нераздельно радующейся о страдании Господа нашего и воскресением Его удостоверенной во всякой милости. Приветствую ее кровью[2] Иисуса Христа, которая есть вечная и не перестающая радость для верующих, особенно если они находятся в единении с епископом и его пресвитерами и дьяконами, поставленными изволением Иисуса Христа, которых по благоволению Своему Он утвердил непоколебимо Святым Духом Своим.

Глава 1. Похвала епископу.

Я узнал, что епископ ваш не сам собой и не чрез людей принял это служение обществу верующих, и не из тщеславия, но по любви Бога Отца и Господа Иисуса Христа. Я поражен его кротостью: он в молчании сильнее тех, которые говорят пустое. Ибо он так согласен с заповедями, как струны в цитре. Поэтому ублажает душа моя его благочестивое расположение, находя его чистым и совершенным, – и его непоколебимость и незлобие во всякую кротость Бога живого.

Глава 2. Храните единение с епископом и удаляйтесь ложных учений

Итак, чада света и истины, бегайте разделения и злых учений, но куда пастырь, туда и вы, как овцы, идите. Ибо многие волки, по-видимому, достойные доверия, посредством гибельного удовольствия пленяют идущих путем Божьим; но при единении вашем они не будут иметь места.

Глава 3. Удаляйтесь отделяющихся от единства Церкви.

Удаляйтесь от злых плевел, которых не возращает Иисус Христос, потому что они не насаждение Отца. Не то, чтобы я нашел у вас разделения, напротив скорое очищение[3]. Ибо, которые суть Божьи и Иисус – Христовы, те с епископом. И те, которые покаявшись придут в единение Церкви, также будут Божьи, дабы жить сообразно Иисусу Христу. Не обольщайтесь, братья мои! Кто следует за вводящим раскол, тот не наследует Царствия Божьего. Кто держится чуждого учения, тот не сочувствует страданию Христову[4].

Глава 4. Имейте одну Евхаристию.

Итак, старайтесь иметь только одну Евхаристию. Ибо одна плоть Господа нашего Иисуса Христа и одна чаша в единение Крови Его, один жертвенник, как и один епископ с пресвитером и дьяконами, сослужителями моими, дабы все, что делаете, делали вы о Боге.

Глава 5. Я прибегаю к Евангелию и апостолам; будем почитать и пророков ветхозаветных.

Братья мои! Я весь изливаюсь в любви к вам и с величайшей радостью укрепляю вас, – не я, но Иисус Христос, за Которого в узах, хотя нахожусь больше в страхе, как еще несовершенный[5]. Но ваша молитва к Богу усовершит меня, чтобы я достиг назначенного мне милостью Божьего жребия. – Будем прибегать[6] к Евангелию, как к плоти Иисуса, и к апостолам, как к пресвитерству Церкви[7]. Будем любить также как и пророков, ибо и они возвещали то что относится к Евангелию, на Христа уповали и Его ожидали и спаслися верою в Него, посредством единения с Иисусом Христом соделавшись достовозлюбленными и досточудными святыми, Иисусом Христом свидетельствованными и сопричисленными к Евангелию общего упования[8].

Глава 6. Не допускайте иудейства.

Но если кто будет проповедовать вам иудейство, не слушайте его. Ибо лучше от человека, имеющего обрезание, слышать христианство, нежели от необрезанного – иудейство. Если же ни тот, ни другой не говорит об Иисусе Христе, то они, по мне, столпы и гробы мертвых, на которых написаны только имена человеческие. Итак, убегайте коварств и ухищрений князя века сего, чтобы вы, будучи подавлены его мыслями, не ослабели в любви. Будьте все за одно нераздельным сердцем. А я благодарю Бога моего: я спокоен совестью в отношении к вам, и никто не может похвалиться ни тайно, ни явно, чтобы я кого-нибудь отяготил[9] в малом или в великом. И всем, с которыми беседовал, желаю, чтобы сказанное мною не послужило свидетельством против них[10].

Глава 7. По внушению Святого Духа увещал я вас к единению.

И меня хотели некоторые обольстить по плоти, но дух, будучи от Бога, не обольщается. Ибо он знает, откуда приходит и куда идет[11], и обличает сокровенное. Находясь между вами, я громко возвещал, сильным голосом говорил: «внимайте епископу, пресвитерству и дьяконам». Иные подозревали, что я говорил это, предвидя отделение некоторых. Но Тот, за Которого я в узах, свидетель мне, что я не знал о том от плоти человеческой, а Дух возвестил мне, говоря так: «без епископа ничего не делайте, блюдите плоть свою, как храм Божий, любите единение, бегайте разделений, будьте подражателями Иисусу Христу, как и Он – Отцу Своему».

Глава 8. Старайтесь об единении.

Итак, я делал свое дело, как человек, предназначенный к единению. Где разделение и гнев, там Бог не обитает. Впрочем всем кающимся Господь прощает, если они возвращаются к единению Божьему и к собору епископа. Верую благодати Иисуса Христа, что Он разрешил вас от всяких уз. Но умоляю вас – ничего не делайте по любопрению, а по учению Христову. Я слышал от некоторых слова: «если не найду в древних[12] писаниях; то не верю написанному в евангелии»; а когда я говорил им, что написано, то отвечали мне: надо доказать[13]. Но для меня древнее – Иисус Христос, непреложное древнее – крест Его, Его смерть и воскресение, и вера Его[14]: вот чем желаю оправдаться при вашей молитве.

Глава 9. Новый Завет превосходит Ветхий.

Хороши священники, но превосходнее Первосвященник[15], Которому вверено Святое святых, Которому одному вверены тайны Божии. Он есть дверь к Отцу[16], которою входят Авраам, Исаак и Иаков, пророки и апостолы и *Церковь*. Все это для единения с Богом[17]. Но Евангелие имеет в себе нечто превосходнейшее: это пришествие Господа Нашего Иисуса Христа, Его страдание и воскресение. Ибо возлюбленные пророки только указывали на Него, а Евангелие есть совершение нетления. Все вместе[18] прекрасно, если веруете с любовью.

Глава 10. Сорадуйтесь антиохийским христианам об окончании гонения.

Так как по молитве нашей и по любви, которую имеете во Христе Иисусе, Церковь Антиохии сирийской, как возвещено мне, находится в мире: то прилично вам, как церкви Божьей, избрать дьякона[19] для совершения там службы Божьей, чтобы сорадоваться с верующими в общем собрании и прославлять имя Божье. Блажен о Иисусе Христе, кто удостоится такого служения; а вы будете за это прославлены. Если вы хотите, то это не невозможно для вас ради имени Божьего: так как ближайшие Церкви уже послали епископов и некоторые пресвитеров и дьяконов.

Глава 11. Благодарю вас, что вы благосклонно приняли моих спутников.

Что касается до Филона, дьякона из Киликии, мужа засвидетельствованного, который и теперь служит мне ради Бога вместе с Реем Агафоподом, мужем избранным, который сопутствует мне от Сирии, отказавшись от жизни, то и они свидетельствуют о вас, и я благодарю за вас Бога, что вы приняли их, как и вас Господь. А не почтившие их да будут прощены благодатью Иисуса Христа. Приветствует вас любовь братьев в Троаде, откуда и пишу вам чрез Вурра, которого ефесяне и смирняне отправили со мною из уважения ко мне. Да почтит их Господь Иисус Христос, на Которого они надеются плотью, душою, верою, любовью, единомыслием. Укрепляйтесь о Христе Иисусе, общей надежде нашей.

Примечания

1 – Оставивши Смирну, св. Игнатий прибыл в Троаду, откуда написал послание к христианам города Филадельфии в Лидии (См. Откр. 1:11, 3:7), которым он проходил по пути (гл. 2, 3, 6, 7). В послании своём он хвалит их

епископа, которому всегда должно повиноваться, увещевает избегать разделения (гл. 3), соблюдать единство в богослужении и не примешивать иудейства к Евангелию (гл. 3–9); наконец просит филадельфийцев о посольстве в Антиохию (гл. 10–11).

2 – Т. е. во Христе, Который искупил нас кровью Своей и соединил нас союзом любви.

3 – Игнатий намекает здесь на отделение от Церкви некоторых последователей лжеучения, каковое отделение он называет очищением Церкви от чуждых еретических плевел.

4 – Потому что Христос страданием Своим основал Церковь, единство которой нарушает раскольник.

5 – Чтение: ἀνάπαρτιστος, принимается издателями на основании пространной греческой редакции, древнего латинского и армянского переводов.

6 – Вместо προσφυγὼν – причастия, которое некоторые относят к глаголу предыдущего предложения («я достиг»). Персон и Смит предлагают чтение: προσφυγώμεν.

7 – Т. е. к Евангелию, как бы к Самому телесно ещё присутствующему Христу, а к апостолам – как бы к живым чадам пресвитерства Церкви.

8 – Лк. 24:25–27.

9 – Т. е. «ни на кого не возлагал ига иудейства». См. 2 Кор. 11:9; 12:13.

10 – См. послание к Траллийцам, гл. 12.

11 – Ин. 3:8; 1 Кор. 2:10.

12 – Издатели признают чтение: ἐν τοῖς ἀρχαίοις, относя это к ветхозаветным писаниям. Игнатий здесь говорит против иудействующих, которые требовали подтверждения истины рождения и страдания Христа из древних пророчеств.

13 – По-гречески: πρόκειται. Такой смысл соединяют с этим словом новейшие ученые и издатели – Гефеле, Дрессель, Гильгенфельд и др.

14 – Πίστις ἡ δι' αὐτοῦ, т. е. учение, принесённое Христом.

15 – Под «священниками» разумеются священники иудейские – означающие ветхозаветное домостроитель-

ство, а под «первосвященником» – Христос и Его Новый Завет.

16 – «Дверью» называет Себя Сам Иисус Христос (Ин. 10:7, 9).

17 – Т. е. домостроительство Ветхого и Нового Завета имеет целью восстановления союза человека с Богом.

18 – Т. е. и Ветхий, и Новый Завет.

19 – По-гречески: χειροτονῆσαι. Это означает употреблявшийся у древних способ подавать голос в суде, при избрании в должность и пр. См. греч. лексикон Папе.

Православная библиотека – Orthodox Logos

- *Добротолюбие (Том I • Том II • Том III • Том IV • Том V)*
- *Откровенные рассказы странника духовному своему отцу*
- *Семь слов о жизни во Христе* – праведный Николай (Кавасила)
- *О молитве* – святитель Игнатий (Брянчанинов)
- *Об умной или внутренней молитве* – преподобный Паисий (Величковский)
- *В помощь кающимся* – святитель Игнатий (Брянчанинов)
- *О прелести* – святитель Игнатий (Брянчанинов)
- *Приношение современному монашеству* – святитель Игнатий (Брянчанинов)
- *Христианство по учению преподобного Макария Египетского* – преподобный Иустин (Попович), Челийский
- *Философские пропасти* – преподобный Иустин Челийский (Попович)
- *Священное Предание: Источник Православной веры* – митрополит Каллист (Уэр)
- *Толкование на Евангелие от Матфея* – святой Феофилакт Болгарский, архиепископ Охридский
- *Толкование на Евангелие от Марка* – святой Феофилакт Болгарский, архиепископ Охридский
- *Толкование на Евангелие от Луки* – святой Феофилакт Болгарский, архиепископ Охридский
- *Толкование на Евангелие от Иоанна* – святой Феофилакт Болгарский, архиепископ Охридский
- *Таинство любви* – Павел Евдокимов
- *Мысли о добре и зле* – святитель Николай Сербский (Велимирович)
- *Миссионерские письма* – святитель Николай Сербский (Велимирович)
- *Живой колос* – праведный Иоанн Кронштадтский (Сергиев)

- *Дидахе. Учение Господа, переданное народам через 12 апостолов*
- *Домострой* – протопоп Сильвестр
- *Лествица или Скрижали духовные* – преподобный Иоанн Лествичник
- *Слова подвижнические* – преподобный Исаак Сирин Ниневийский
- *Пастырь* – Апостол Ерм
- *Послания* – священномученик Игнатий Богоносец
- *Миссионерские письма* – святитель Николай Сербский (Велимирович)
- *Точное изложение православной веры* – преподобный Иоанн Дамаскин
- *Беседы на псалмы* – святитель Василий Великий
- *О цели христианской жизни* – преподобный Серафим Саровский (Мошнин)
- *Аскетические опыты (Том I • Том II)* – святитель Игнатий (Брянчанинов)
- *Смысл жизни* – Семён Людвигович Франк
- *Философия свободы* – Николай Александрович Бердяев
- *Философия свободного духа* – Николай Александрович Бердяев
- *Песня церкви - Праведники наших дней* – Артём Перлик
- *Сказки* – Артём перлик
- *Патристика* – Артём Перлик
- *Ты нужен мне* – Артём Перлик
- *Следом за овцами - Отблески внутреннего царства* – Монахиня Патрикия

www.orthodoxlogos.com

www.ingramcontent.com/pod-product-compliance
Lightning Source LLC
Chambersburg PA
CBHW020548080526
44583CB00013B/1051